Sofortige Lähmung

112 Gedichte aus dem Innersten Lyrik.

Harald Birgfeld

Copyright 2014 beim Autor, Harald Birgfeld. Alle Rechte vorbehalten.
Harald Birgfeld, geb. in Rostock, lebt seit 2001 in 79423 Heitersheim. Von Hause aus Dipl.-Ingenieur, befasst er sich seit 1980 mit Lyrik. Im Verlag **ars nova** erschien von ihm der Gedichtband, 295 S., "Auf deiner Reise zum Rande im Rande des Randes der Sonne".
10 Gedichtbände sowie 2 Bücher in Prosa erschienen von ihm, in mindestens 23 Anthologien ist er vertreten. Harald Birgfeld schrieb seine Gedichte überwiegend während der Fahrten in der Hamburger S-Bahn zur und von der Arbeit.

Aus dem Gutachten, 1986, einer an der Universität Freiburg tätigen Literaturwissenschaftlerin:
"Es lohnt sich, einmal einen heutigen Dichter kennen zu lernen, der mit der deutschen Sprache einen faszinierend fremden Weg betritt und trotzdem dem Leser Freiraum lässt für eigene Gedankengänge, ohne dass die Probleme in erhobener Zeigefingermanier zu zeitkritischen Trampelpfaden werden."

Buchumschlag: Harald Birgfeld

Herausgeber, Autor, Redakteur: Harald Birgfeld.
e-mail: Harald.Birgfeld@t-online.de
Im Internet unter : www.Harald-Birgfeld.de

Herstellung und Verlag:
Books on Demand GmbH, Norderstedt
ISBN 9783738601558

Inhaltsverzeichnis ....Seite

Abschied ist ein langer Nagel	54
Abschied, stand in einer Schrift	17
Alles sah ich prüfend an	12
Alles war verwandelt	48
Als das Geräusch verklungen war	47
Als ich Abschied nahm	17
Als ich mit dir sprach	64
Auf die Frage	42
Auf meinem Weg	23
Aus den Wolken brach ein Gegenstand	70
Ausgetreten war der Pfad	16
Bläulich ist die Unterhaut	31
Das ist das Verbot	33
Der Gartenstuhl stand hoch im Laub	29
Der Tageshimmel zog sich zu	38
Der Weg zum Hafen	34
Die andren kletterten in Bäume	32
Die Bahn fuhr auf dem Damm	10
Die Lähmung kam sofort	61
Die lebende Maschine	65
Die Schienen waren glatt	49
Die Stadt ist klein	26
Die Zeit stand wieder still	35
Du kuschelst dich in deinen Sitz	24
Du last in einem Buch	17
Du liebtest ein Stück Blech	25
Du riefst mich in dein Zimmer	22
Du standst nun auf	13
Du warst ganz verändert	62
Eigentlich war es ganz anders	9
Ein Telefongespräch mit mir	44
Eine Fremde liest	21
Eine scharfe Klinge	20
Eines hab' ich ganz vergessen	70
Einmal stach ich aus Versehen	53
Einmal war ich guter Dinge, bester Laune	38
Einmal, ich erinner mich genau	15
Er war alt und voller Trotz	52

Es gab Abendbrot	27
Es kam ein Brief zurück	40
Es kam ein Königskind zu mir	62
Es war ein Fest der Zahlen	65
Es war ein Mensch in meiner Nähe	66
Es zieht ein letzter Tag herauf	36
Früher	69
Für den, der schreibt	40
Gott hat Folgen, sagt man	7
Ich begegnete der lebenden Maschine	10
Ich brach endlich auf	21
Ich ging in meine Stube	59
Ich hab mein Ohr	60
Ich habe mich beschwert	14
Ich habe mich gefragt	11
Ich hatte Glück	24
Ich kam heim	11
Ich las in dem Gedicht	63
Ich lege keinen Wert auf Schilder	55
Ich sollte Überblick bekommen	57
Ich stand in einem Wasser	46
Ich stand vor dem Marienbild	50
Ich steh im Fensterkreuz	29
Ich stieß auf euch	49
Ich trau mich nicht	71
Ich war bei mir im Lohn	52
Ich weiß nicht, was es war	28
Ich wohnte hoch	33
Ich wollte aus dir trinken	25
Im Raum verbleiben keine Spuren	31
Immer ist grad das, was ist	27
Immer wieder dachte ich an Abschied	26
Immer wieder sandte man den Mann	19
In deiner Wohnung lebte außer dir	67
In der Kammer lagen noch	28
In der Tasche einer alten Hose	50
In einem Gegenwind	68
In ihrer Kammer	45
In meiner Haustür	51
In Wahrheit war ich ohne Wohnung	9

Ist denn Abschied	19
Jemand dachte über seine Träume nach	41
Jemand gab mir Recht	55
Jemand harkte einen Sandweg	20
Jemand sagte mir	36
Jemand schlug aus einem Stein	68
Man lud mich ein	67
Man rechnete damit	12
Man reichte ein Tablett herum	8
Man sandte einen Brief an mich	59
Man schenkte mir ein Glasgefäß	58
Man trug etwas im Arm	51
Man zog an mir um	53
Manchmal dreht sich	37
Meinem Wärter hing ich an	57
Mit den gespreizten Fingern	45
Morgens stand ich auf	47
Nachts bleibt mir die Angst	54
Nachts, als ich an deiner Seite lag	39
Natürlich war, was alle Menschen in sich haben	14
Sie brachte ihren Mann zum Zug	43
Sonst hattest du dich eingeteilt	23
„Sonst," sagt sie	46
Später erst erfuhr ich	18
Über mir, am Himmel	56
Ungewiss ist	66
Unsre Trennung währte	22
Unverändert starr	63
Vom Wind bewegt	8
Von innen, dachte ich	42
Vor mir stand eine große Müdigkeit	7
Wir durchquerten das System	34
Wir lagen uns entgegen	30
Zum Abschied wurde Zärtlichkeit	60

Weitere Veröffentlichungen von Harald Birgfeld	72

Gott hat Folgen, sagt man.
„Welche Folgen?", frage ich,

Und jemand sagt:
„In einer Streichholzschachtel
Sah ich all die Köpfe schlafen,
Rundherum im Freien gab es nichts mehr,
Das noch brennen konnte."

Dann ein andrer:
„Auf den feuchten Wiesen, in den Wäldern,
Wachsen wieder Pilze.
Die sind dies Jahr ohne Unterschied.
Man warnt vor ihnen.
Ihre Giftigkeit sei wirklich
Ohne Unterschied.
Das Gift sei aus der Luft gegriffen."

Mir ist alles gleich.
Ich häng, wie man hier sagt, am Tropf,
Und kann seit Neuestem, von mir aus
Über jenen Apparat, der mich am Leben hält,
Allein entscheiden.

Vor mir stand eine große Müdigkeit,
Die trieb mit jeder neuen Welle
Sand auf Sand in meine Augen,
Dass sie brannten.

Als ich lichterloh in Flammen stand,
Und schließlich nicht mehr übrig blieb,
Als das, was du in Händen halten konntest,
Gabst du nach und Ruh,
Und fülltest mich in eine Urne um.
Die wolltest du gelegentlich
Beschriften lassen.

Vom Wind bewegt,
Verhakte sich der Rank des Rosenstockes
In den Stoff der Hose die ich trug.
Es ging sehr schnell.

Ich sah zu gleicher Zeit,
Wie er sich schlängelte,
Den Kopf, gepeitscht, nach vorne schnellen ließ
Und mit den harten Zungen seiner Dornen
Zubiss.

Ja, ich war sofort gelähmt,
Stand noch Sekunden still
Und starb dann
Auf der Stelle.

Man reichte ein Tablett herum.
Das wanderte, weil es im Raum von Menschen eng war,
Über alle Köpfe,
Wanderte von Hand zu Hand,
Es sollte mich erreichen.
Als es ankam, war auch ich soweit.

Ich legte meinen Kopf darauf,
Das hatte man verlangt,
Und ich bestand darauf,
Dass ich in diese Geste
Ebenso die Demut wie die Tötung legen durfte.

Nach der Trennung
Konnte ich mich dafür nicht mehr intressieren,
Wohin das Tablett mit meinem Kopf
Die neue Wanderschaft begann,
Ich war zu sehr
Mit mir beschäftigt.

Eigentlich war es ganz anders.

Immer wünschte ich mir jemanden,
Der mich verstehen konnte,
Und der Ansatz, dachte ich,
Sei gut.

Die Wahrheit aber war,
Das schon der Ansatz
In die falsche Richtung zeigte.

Auf dem Bahnhof standen meine Doppelgänger
Überall herum.
Sie waren nackt wie ich
Und trugen auch darunter
Keine Kleidung.

Alle warteten
Auf meine Ankunft.

In Wahrheit war ich ohne Wohnung.

Jemand las uns vor.
Er las aus einer Dokumentation,
Die sollte eine Zukunft zeigen,
Eine nahe, die schon fast geschah,
Und eine ferne.

Auch, dass ich ein Wohnungsloser würde,
Prophezeite man.

Die Zukunft, sah ich,
War an mir stets einen Schritt Vergangenheit.

Die andren hielten die Vergangenheit
Für erste Schritte in die Zukunft.

Ich begegnete der lebenden Maschine.
Angenehm war sie
Und kam mir sehr entgegen.

Was ich mit ihr absprach,
Sollte uns Geheimnis bleiben,
Aber das verstand sie nicht.

Sie war ganz frei von sich
Und hatte keine Bindung.

In den Augenblicken, die ich mit ihr sprach,
Schuf sie von mir,
Sie sagte, dass sie in Gehorsam diene,
Ja, sie zeugte mit mir
Duplikate meiner selbst
Und ließ sie frei.

Die Duplikate waren ganz genau so alt wie ich
Und mir in allem gleich
Und lebten so wie ich,
Mit einer und derselben Frau und anderen.
Und alle waren überall bei jedem einzelnen
Und wussten nichts davon,
Und, wie mir schien, auch nichts von sich.

Nur, wegen der Maschine,
Würde es nicht lange
Ein Geheimnis bleiben können.

Die Bahn fuhr auf dem Damm.
Ich saß darin und sah hinaus.

Vom Himmel wuchsen Bäume,
Deren Kronen reichten bis in unsre Nähe,
Und die Früchte stiegen,
Als sie niederfielen, himmelan.

Ich kam heim.
Dort fragte man mich,
Ob ich heim gekommen sei,
Denn mein Heim sei das Heim der anderen,
Wo ich zu Hause sei,
Sei das Zuhause derer, die mich fragten.

Alle hatten mich erlebt
Und wussten von zwei Dingen:
Erstens, dass ich mich verlaufen könnte,
Das war zu verhindern,
Zweitens, dass ich mich an nichts erinnern würde
Oder könnte,
Das würd Heimatlosigkeit bedeuten.
Niemanden könnt man davor beschützen.

Meine Wege waren Kreidestriche,
Und ich selbst errichtete mir Hinweisschilder,
Dass ich nicht vergessen
Und mich nicht verlaufen konnte.

Ich habe mich gefragt:
„Muss ich denn wissen, wer ich bin,
Muss ich von mir in einer Einzahl
Oder in der Mehrzahl reden,
Nun, wo ich mir nicht mehr nur, wie früher,
Innerlich begegne
Sondern mich auch äußerlich
Der eigenen Gefahr durch mich aussetze,
Auf mich treffe?

Wer ist wer,
Und woher komme ich,
Wenn ich's nicht bin"?

Man rechnete damit,
Dass ich nicht wiederkommen würde.
Vor mir selbst war ich schon lange
Ohne Umkehr, ohne jede Rückkehr,
Und ich liebte Bücher, die im Fehldruck
Völlig falsche Sätze schrieben
Und Passagen durcheinander brachten.
Die las ich mir immer wieder durch.

Die Mädchen trugen Schleifen, Bänder
Aus Papier in ihren Haaren.
Darauf möchte ich,
Wie an den Baum der Wünsche,
Meine Sätze schreiben,
Dass sie diesen Mädchen,
Wenn sie sich frisieren,
Auf die Haut und in die Schöße,
In die Hände fallen.
So käm ich am Ende doch noch wieder.

Alles sah ich prüfend an,
Mit Wohlgefallen,
Auch mit Fremdheit,
Und der Abstand wurde merklich größer,
Wenn ich etwas in die Hände nahm.

Mir gegenüber saß die junge Frau,
Die sah zufrieden aus
Und strickte ohne Unterlass und schnell
Und lächelte mir zu,
Als wüsste sie Bescheid.
Sie nahm wohl nur mit ihren Augen
Meine Größe ab.

Ich dachte, alles um mich her
Bereitet sich auf einen Abschied vor,
Von dem bin ich betroffen.

Du standst nun auf
Und folgtest mir zur Tür.

Ich hatte nicht mit dir gerechnet,
Denn du hattest deine Arme,
Noch am Frühstückstisch, nachdem du satt warst,
Über deiner Brust verschränkt
Und mich dann gehen lassen.

In der Haustür hieltst du unerwartet
Meine Schritte an,
Indem du von der Innenseite
An dem Türknauf zogst.

So hieltst du fest an mir
Und hieltst mich doch nicht fest.

Ein letztes Mal, so dachte ich, vielleicht.

Ich knöpfte dir das Wollkleid auf,
Mehr fand ich nicht auf deiner Haut,
Es lag eng an
Und es war einfach grau
Und alles was du trugst.

Du aber schobst, bestimmt
Und ohne jede Glut,
Die ausgestreckte Hand zurück
Und sagtest mir:
„Nun geh,
Du dehnst mir alles aus",
Und sagtest nichts von Wiederkehr.

Natürlich war, was alle Menschen in sich haben,
Auch in mir.
Es gab in mir, wie in den andren,
Diesen letzten Stein.
Der würde übrigbleiben,
Der würd Zeugnis sein,
Den würde man in einer letzten Würde
Durch die Zeitung gehen lassen,
Und auf eine Aussichtsplattform setzen,
Dass er sich in Aussicht
Schließlich selbst verzehren könnte.

Alles würde sein wie ich es sage,
Wenn nicht diese Einsicht wäre.
Noch als Stein, das weiß ich,
Werden meine Augen aufstehn
Und nach innen schaun,
Und äußerlich wird nichts zu sehen sein.

Ich stoße dann, wie all die andren
Auf ein übermenschlich menschliches Verlangen
Nach Berührung.

Die kann nur von außen kommen.

Ich habe mich beschwert:
In einer glatten Wand aus Felsen
Fand ich keine Tür.

Man hatte mir gesagt:
„Du musst hinein,
Es wird dich keiner fragen, wie"!

Mich hatte man natürlich dabei
Übersehen,
Und kein Mensch nahm meine Frage
An.

Einmal, ich erinner mich genau,
Wird eine Gondel
Vor der Haustür stehen,
Und es wird mir jemand sagen:
„Steigen Sie doch bitte ein,
Die Gondel ist für Sie".

Ich weiß es,
Weil ich tausendfach,
Wenn ich das Haus verließ,
In diese Gondel kletterte
Und darauf wartete,
Dass sie nach oben steigen würde.

Alles war bis jetzt umsonst.
Vom Dach der Gondel
Spannte sich ein blanker Faden
Bis ins All
Und zog nicht an.

Von diesem Faden werde ich dann sagen:
„Wie ich mich erinnere,
Verdanke ich dem unbekannten Faden
Mein Entkommen.
So, ja so, kam ich hier an".

Ich las in dem Gedicht,
Das hatte eine Frau geschrieben
Und darin, dass sie den Bruder liebte, und,
Dass sie sich nicht verriet,
Schrieb sie ihm alles auf.
Sie schrieb, dass sie nun seinen Tod beschlossen hätte
Und verbrannte sich in einem Zimmer
Mit dem Zimmer.

Niemand stellte ihren Bruder
Vor Gericht.

Ausgetreten war der Pfad,
Er führte über eine Straße aus Beton.
Man sah in ihm sehr gut
Die abgetragnen Stellen.

Ich hielt an,
Bot alles auf, den Weg zu sperren,
Und den Strom der Menschen
Leitete man schließlich um,
Dass dieser Weg vergessen wurde.

Ich sah zu und wartete nun ab.

Die Blöcke, einst gegossen,
Rissen, sprangen auf
Und gähnten sich in eine andre Endlichkeit
Und ließen Grün
Aus ihren Spalten wachsen,
Dass die Straße starb.

Zuvor hat mir kein Mensch geglaubt
Als ich es prophezeite,
Als ich sagte:
„Nichts ist auszutreten".

Dieses Bild benannte ich.
Es heisst nun:
„Schwer ist jeder Abschied,
Und noch schwerer ist das Wiedersehn
Mit ihm".

Du last in einem Buch.
Du saßt mir gegenüber in dem Zug,
Und dich verriet ein Mantel,
Der war streng kariert gemustert.

Buch im Buch
Und Buch an Buch
Und Seite neben Seite
Hattest du dich eingehüllt.

Es nützte wenig.

Jede Seite, die du last,
War programmierter Abschied,
Der kam dir, die einsam lebte,
Immer schneller näher.

Bücher lesen war die Sucht an dir.

Es hätte einer nur von außen
Einen Finger auf die Seite legen müssen,
Und du wärest aufgewacht
Und hättest zugebissen.

Einmal hattest du dich schon verwechselt
Und verletzt.

Als ich Abschied nahm,
Das war noch zu Beginn,
Sah ich an mir, der unbelehrbar war,
Der dieses schreibt und denkt,
Der bis zum Ende denkt
Und, wie ich sagte, dann am Anfang steht,
Als ich den Abschied nahm,
Sah ich, auch Gott hat Folgen.

Abschied, stand in einer Schrift,
Ist Anfang,
Und ich las von der Begebenheit:
Du warst zu einem Mann gegangen,
Um zu fragen, und du sahst,
Er hatte sich die Frage
Tausend Mal herbeigesehnt,
Es war die Frage nach ihm selbst.
Die Antwort stand vor dir.

Du aber nahmst die Antwort,
Weil er sie dir bot, für dich
Und bliebst bei ihm als Frage,
Die sah er.

Er konnte so mit seiner Frage,
Du mit deiner Antwort leben,
Jeder nahm sich selbst im anderen.
Verblüffung legte sich auf euch.
So einfach, saht ihr,
Ist die Trennung von sich selbst,
Wenn man sich findet.

Später erst erfuhr ich,
Dass das Herbstblatt,
Welches ich noch in den Händen hielt,
Das letzte war,
Das abzupflücken war.

Am andren Morgen
Lagen wir schon ganz im Laub,
Der Nachtfrost hatte alle
Überrascht
Und hatte Schuld gebracht.
Die teilten wir nun,
Als wir uns erhoben, auf,
Weil sie nicht zu vermeiden war.

Immer wieder sandte man den Mann
In einen Raum,
Dort hätte er zu warten.

Drinnen, sah er gleich,
War jede Warterei umsonst:
Die leeren Plätze täuschten nicht.
Ich sah in meinen Pass,
Das Datum war verfallen,
Meine Haare auf dem Foto waren
Schwarz und voll.

In meiner Gegenwart war ich ein Stuhl,
Der hatte sich geleert und hatte graue Haare.

Junge Mädchen ließen ihre Hände
Über meine Lehnen gleiten,
Kamen, um das Haar zu streicheln,
Und sie wussten nichts
Und sahen nichts von meiner Warterei.

Ist denn Abschied
Nicht Begegnung mit dir selbst?
Kann Abschied nie die Frage
Nach dir werden?

Jemand kam vom Krankenlager
Einer alten Frau,
Die lag im Sterben,
Und er hatte sie gemalt.
Als ich das Bild in meine Hände nahm,
Bemerkte ich sofort das Alter,
Und die Untersuchung gab mir recht:
Das Bild war hunderte von Jahren alt,
Vielleicht schon mehr als ein Jahrtausend.
Dafür und für die Erkenntnis
Dankte ich.

Eine scharfe Klinge
Führte jemand ans Papier.
Es war ein Kinderspiel,
Und Trennung hat mit Abschied
Wirklich nichts zu tun.

Mein Auto steht an einer Straße.
Ich sitz in der Höhle, etwas vor der Tür.
Im Spiegel, der nach hinten zeigt,
Empfang ich all die Kommenden.
Auf meiner Höhe denkt von denen
Nicht ein einziger an mich,
Und, kaum vorbei,
Beginnen sie die Sucherei nach vorne
Und nach mir und ahnen nichts von mir.

Für alle sind wir alle immer der, der kommt
Und der, der geht.

Man rief mich immer wieder an,
Und ich erinnerte mich wirklich nicht,
Obwohl man sagte,
Dass wir uns doch gegenüber säßen.

Jemand harkte einen Sandweg.

Alles zu erklären hatte keinen Sinn,
Und eine Frage konnte ich so schnell
Nicht formulieren.

Mit der Harke wurde eine Spur,
Von der ich nur die letzten Reste sah,
Endgültig und für alle Zeit verlöscht
Und unwirklich.

Der andre hätte
Einfach leugnen können.

Eine Fremde liest.
Sie liest in fremder Sprache,
Spricht von fremder, ihr vertrauter
Angelegenheit.
Mich geht nur ihre Fremdheit etwas an.
Hier ist es umgekehrt:
Aus einem Abschied, der besteht,
Mit dem sie angekommen ist,
Nehm ich Begegnung an,
Und alles, was vergangen ist, beginnt.

Sie, die dort vorne liest,
Hat nichts mit mir zu tun
Und zwingt mich mit der fremden Sprache
Einen Abschied anzunehmen,
Zwingt mich, alle Fremdheit abzulegen.

Abschied, der am Anfang steht.

Ich brach endlich auf.
In mir, das spürte ich,
Obwohl ich außen stand, war Aufbruch,
Wandel aus dem Ich ins Fremde.
Sieht so Abschied aus?

Wird so die eigne Haut
Dem nächsten einfach mitgegeben?

Es entstand die Ungewissheit,
Was mit dieser Haut geschehen würde
Und die Angst, das rohe Fleisch zu sehen,
Und die Hoffnung auf den Irrtum.

Wenn ich schweig und schweig und schweig
Dann sind das Zeichen eines Aufbruchs,
Damit hoff ich,
Lässt sich schließlich Wachstum zwingen.

Unsre Trennung währte.
Es wurd hell und dunkel,
Hell und dunkel,
Hell und ...

Und wir wohnten Tür an Tür,
Und zwischen unsren Türen lag ein Flur,
Und diesen Flur, das war das Schlimmste,
Mussten wir bewachen,
Und wir richteten es so,
Dass immer einer wenigstens
In seiner Kammer blieb.
Zwei Jahre sahen wir uns nicht
Und wachten über unsre Trennung.

Die bewies
Und sie beweist noch gar nichts.

Du riefst mich in dein Zimmer.

Als ich kam, vernahm ich noch,
Dass du mich warntest,
Vorsicht wäre angebracht,
„und stolper nicht,
Ich kann nicht länger warten".

Es gab nur die eine Tür.
Die Fenster waren zu
Und du warst fort.
Ich sah noch einen Rest von dir,
Daraus entstand ein Bücherstapel.

In dem Zimmer hattest du vor mir
Mit mir gelebt,
Und außer diesen Büchern
Blieb nichts übrig,
Die warst du dir selbst.

Sonst hattest du dich eingeteilt
In Grade und in Zahlen,
Nun erfandst du Tageszeiten neu:

Der Morgen war geeignet,
Tee an dir zu pflücken;
Mittags gabst du dich an Dingsymbole ab,
Du lebtest gern mit ihnen,
Sagtest auch, sie würden hinter deinem Rücken
Ganz verrückte Spiele spielen.
Abends zündete ich dann in dir
Die Lampe an.

Die Zeit vor einem Abschied
Ist die Zeit,
In der man nichts von all dem wissen will
Und zündet sich, so lang es geht,
Alleine aus und an.

Auf meinem Weg,
Es war ein Fußweg,
Lag das Siegel eines Königs.

Woher soll ich wissen,
Wie das Siegel eines Königs aussieht,
Wie die Fälschung?
Woher soll ich meinen Glauben daran nehmen?

Wertvoll,
Über alle Maßen wertvoll
Ist das Siegel eines Königs,
Und der Finder selbst wird König.

Gestern kam ich wieder dort vorbei
Und fand mich unentschlossen wie zuvor davor
Und war noch immer unentschieden,
Dieses Siegel aufzuheben.

Ich hatte Glück:
Ich lebte in der falschen Zeit,
An mir vorbei,
Und brauchte nichts zu fürchten,
Als, dass ich und ganz versehentlich
An ihr zerbrechen würde,
Oder, wie es heut' geschah,
Für Augenblicke meine wahre Zeit
Erwischte.

Königlich ist das Gefühl der Leiblichkeit
In eigner Zeit.
Ich dachte nicht an Gräueltaten, Kindermord,
Nicht an die Frau,
Der man die Kehle durchgeschnitten hatte.
Das hätt' jeder, der es sehen wollte,
Sehen können.

Meine falsche Zeit
Ist meine Zeit.

Wer denkt schon an ein Messer in der Kehle.

Du kuschelst dich in deinen Sitz.
In deinen Kleidern findest du ein Nest,
Das trocken ist
Und selbstgemacht.

Ich denke immerzu,
Wie soll ich als ein Mensch,
Der doch von andren Menschen ist,
Dort unterkommen,
Unterschlupf, wie du es gerne hättest,
An dir finden?

Was ist,
Wenn du deinen Tag der Wäsche hast?

Du liebtest ein Stück Blech
Und gabst ihm einen Namen.

Jedes Blech, so sagtest du, das funktioniert,
Ist wert, geliebt zu werden.

Gestern war Beerdigung.
Die Menge drängte,
Und ich konnte nichts erfahren.

Ich schrieb auf ein Transparent:
„Beerdigung ist Trennung,
Hat mit Abschied nichts zu tun".

Wir standen durchgesägt daneben,
Und ich geb es zu,
Ich dachte dabei nur an dich.

Ich wollte aus dir trinken,
Und ich hätte es getan,
Es lag an dir,
Dass es nicht ging.

Ich muss es anders sagen:
Als wir dieses Bild von uns
Mit einem Selbstauslöser machten,
Spiegelten wir uns ganz leicht verzerrt
In dem Metall der Säule.
Die war vielfach aufgerissen,
Und ich sah darunter, drinnen,
Körperteile, die ich einzeln
Sehr gut von dir kannte.

In der Säule lebten sie als Ganzes,
Ohne dass ich sie erreichen konnte.
Dich ließ ich dabei nicht los,
Und mich umklammerte die Sorge.

Immer wieder dachte ich an Abschied.
Dies war auch ein Grund:
Du küsstest deinem Hund das Fell,
Dann küsstest du ein Geldstück,
Das war aufgeschrieben,
Und es war dir so viel wert,
Dass Tränen still
Aus deinen Augen liefen.
Die erinnerten dich an die Perlen.
Eine Reihe schöner Perlen
Hing an deinem Hals.
Die Kette war so lang,
Dass du sie heben und ganz langsam
Über deine Zunge laufen lassen konntest.
Einmal schlossen sie die Lippen ein.
Ich weiß nicht, was in deinem Mund geschah.

Wir reisten in ein andres Land.
Du bist die Frau an meiner Seite.
Nichts tust du von dem,
Was ich hier schreibe,
Und ich schreibe nur,
Was ich mit eignen Augen sehe.
Ich komm nicht vor mir davon.

Die Stadt ist klein,
Und sie ist gut erhalten.
Alles wurde zur Erinnerung.
Gleich nach dem Bad kommst du ins Zimmer:
„Halt dir deine Augen zu".
Du warst noch etwas nass und unbekleidet.
So entstehen, das verstehe ich ganz plötzlich,
Altertümer;
Altertümer, die am Anfang ihres Alters stehen.

Ich hielt mir um deinetwillen
Meine Augen zu.

Immer ist grad das, was ist,
In Wahrheit nicht.
In einem Film
Sah ich in einen Ausschnitt deines Lebens.
Damals, sagt man heute,
Warst du schon im Aufbruch,
Abschied lag schon hinter dir.

Ich selbst beendete zu der Zeit
Eines meiner Leben,
Das kam auf mich zu,
Und die Erinnerung verblasste schnell.

Es gab Abendbrot.
Es gab zum Abendbrot den Film.
Der Film war Speise.
Grausam ist ein Essen,
Dass aus reiner Wahrheit zubereitet ist.
Ich sprach zu mir,
Ich sagte laut:
„Du bist allein mit deiner Liebe,
Und die Liebe hat zum Preis die Liebe."

Später sprach ich dann mit dir.
Du hattest einen Liebeswunsch,
Den sagtest du mir nur, weil ich versprach,
Mein Innenohr vor ihm zu schließen,
Und du sagtest selbst, vor dir:
„Es ist, als hätte ich den Wunsch
Und hätte ihn doch nie geäußert."
Dieser Film war nach der Öffnung der Vernichtungslager
Aufgenommen worden,
Und er zeigte eine Erde, wie sie grad im Schrei aufbricht.

Dein Mund und mein Mund
Konnten sich nicht wieder
Schließen.

In der Kammer lagen noch
Die Folterinstrumente so herum
Wie man sie vor Jahrhunderten benutzt
Und hatte liegen lassen.

Damals hatte jemand einen Brief verfasst,
Der lag dabei:
Man hätte ihm die Beine zum Skelett verbrannt,
Dies wäre seine letzte Stunde.
Alle wären fort.
Was bliebe, wäre so,
Wie man es vor Jahrhunderten vor ihm
Benutz und eingerichtet
Und dann hatte liegen lassen.

Hinter mir fällt eine schwere Tür ins Schloss.

In meinem Kopf fällt mir die Schwärze auf.
Die kommt von außen.

Ich weiß nicht, was es war,
Doch es war viel zu laut
Und viel zu grell,
So dass ich ging,
Ich rührte dabei mit der flachen Hand
An einen Stein
Und spürte seine Schwärze.
„Nacht", hieß dieser Stein.
An ihm entstanden weiter oben
Aus dem Nichts der Nacht die Sterne.
Siehst du nun,
Verstehst du nun, warum ich ging?

Dir sagte ich:
„Die Nachttischlampe hat jetzt
Lang genug gebrannt",
Und schaltete sie aus.

Ich steh im Fensterkreuz
Vor einem Stern.
Für ihn ist mein Gesicht
Vierfach geteilt.
Er ist für mich die Schwärze,
Die nicht schnell genug zusammenfloss.
Der weiße Punkt blieb übrig.

Oft bin ich mehr Weib als Mann,
Doch das ist von mir missverstanden
Und wird niemals äußerlich zu sehen sein,

Ich stehe lange in dem Fadenkreuz
Und warte ab.

Der Gartenstuhl stand hoch im Laub.
Die Abendnebel hatten sich bei Licht
Schon ausgebreitet.
Dann stieß ich an dich,
Weil ich dir etwas sagen wollte.

Welch ein Wort muss es gewesen sein,
Dass du daran sofort zerbrachst
Und ganz gewichtslos
In die Blätter sankst.
Ich konnte dich von andren Blättern
Nicht mehr unterscheiden.

Tränen hab ich nie gehabt,
Nein, Tränen hatt ich nicht.
Und du,
Die jetzt an meiner Seite stand,
Um mich zu trösten,
Führtest meine Hand
Genau an jene Stellen,
Wo der Übergang vom Schoß in deinen Leib
An dir begann.

Wir lagen uns entgegen
Das heißt Stirn entgegen Stirn,
Das heißt
An deinem Kopf begann ich neu
Mit meinem Kopf.

Du hieltst mir das Gesicht nach oben,
So sah ich auf dich.
Ich sah auf deinen Mund,
Dein Mund in meine Augen.

Wehren, sagtest du, würdst du dich nicht,
Und überhaupt
Beklagtest du dich über meine Lust.

Du warst nur halb heraus zu sägen,
Deine andre Hälfte
Blieb als Spiegel unter mir.

Ich teilte dich so auf
Und gab dich für mich ganz verloren
Und stand auf.

Die Decke, die am Boden lag,
Zog ich so sorgsam wie ich konnte glatt
Und über das Geschehen,
Über dich.

Du schliefst sofort.

Bläulich ist die Unterhaut.
Sie schimmert durch
Und zeigt mir schwach, was ich vermutete:
In meinen Adern fließt ein Farbstoff,
Blut kann es nicht sein.

Zur Sicherheit schneid ich mich ein
An einer Stelle.
Eine grüne Flüssigkeit dringt aus der Wunde,
Drunter, so vermute ich, wo's wärmer wird,
In größrer Tiefe,
Wird wohl rotes, dunkelrotes Blut
Zu finden sein.

Ich nähe meinen Einschnitt wieder zu
Und werde warten, bis zu meinem Durst
Der Hunger kommt.

Im Raum verbleiben keine Spuren,
Nichts bleibt als Beweis.

Wir gaben uns die Hände,
Und wir zogen sie zurück.

Ich untersuchte diesen Raum im Raum genau:
Die Hände hatten keine Spuren
Hinterlassen.
Nichts ist wahr,
Und Augenblicke sind nicht
Fest zu halten.

Die Begrüßung war das Ende.
Gleich danach ging sie im Raum
Verloren,
Und die Zeit,
Die alles hätte retten können,
Blieb uns unsichtbar.

Die andren kletterten in Bäume
Und von dort herunter
Warfen sie die Texte.
Unten warteten die Leute.

Manche Worte trafen,
Viele Texte fielen so zu Boden.

Von den Hörern warfen einige zurück
Und andre fingen auf.

Ich staunte,
Weil für mich das Laub doch immer
In dem Baum entstand,
Und nun sah ich es völlig umgekehrt
Und ohne Sinn:
Vom Boden fiel das Laub in Bäume,
Und es blieb dort sitzen.

So, wie es nun stand,
Bewegte sich in keine Richtung etwas.
Zwischen meinen Händen stand ein Glasrohr.
Wenn man dieses Rohr nun richtig drehte,
Fiel darin ein Blatt nach unten;
Drehte man es schnell genug,
Dann tat sich nichts darin,
Es drehte sich das Blatt als Rad herum.

Ich musste mir die Ruhe
Zwischen Baum und Boden so erklären
Und bedachte mich nicht einen Augenblick
Dabei.

In meinem Rücken stand mein Steinmetz.
Der schlug mir die Texte ein.
Die sollte man von allen Seiten
Lesen können.

Das ist das Verbot.
Es ist ein Abend vor dem letzten Abend.
Das Verbot wird ausgesprochen.

Abschied überall,
Die Stille eines Toten,
Den man mir zu Füßen legt,
Den ich nicht kenne,
Den ich auch als Toten
Gar nicht kennen lernen will.

So lautet das Verbot:
„Vergessen darfst du nicht,
Vergessen ist verboten!"

Außer mir gibt es für mich nichts zu vergessen.
Das Vergessen anderer geht mich nichts an.
Der Grund für das Verbot bin ich.
Ich sprech es für mich aus,
Weil ich verlorenging.

Der Grund, nein das Verbot bin ich.
Als Strafe, drohe ich mir selbst,
Soll ich mich wieder finden.

Ich wohnte hoch.
Ich wohnte in dem Stockwerk
Über allen anderen.
Ich wohnte immer wieder über denen
Die behaupteten,
Sie hätten eine Wohnung über mir.
Das konnten diese Menschen nicht verstehen,
Und ich brauchte lange,
Mich an diese Menschen zu gewöhnen.

Mir war alles selbstverständlich,
Auch die Ordnung über mir.

Wir durchquerten das System.
Es war sehr schnell.

Für alle war es möglich,
Die Systeme, die sich schnell bewegten,
Zu durchqueren,
Ohne eine eigene Bewegung auszufahren

Damals hatte ich von allem nichts verstanden,
Und ich rechnete es einem Zufall an,
Dass ich in einem Reisezug
Auf eine Freundin stieß.

Die hob die Augen in dem einen Augenblick
Und sah zu mir,
Als ich durch ihre Mitte ging:
Durchquerung des Systems.

Wir waren nachweislich
Fast tausend Kilometer auseinander
Und begegneten uns in der Ferne.

Ich berührte Ihre Wange,
Dass ich glauben konnte.

Abstand ist die größte Enge,
Und man geht durch jede Mitte
Ohne eine einzige Bewegung.

Der Weg zum Hafen...
Ich auf ihm...
Dann kommt der Übergang,
Der ist nicht mehr vorhanden,
Einfach abgerissen...

Über den Kanal sprang kürzlich noch
Die Brücke.
Hölzern waren alle Planken.
Später rissen sie...

Dann brachen sie...
Dann fielen sie hinab...

Ja, so erklärte man es mir.
Ich aber hatte täglich meinen Überweg gemacht
Und nichts bemerkt,
Und heute war ein Ferientag,
Der sollte sich von andren unterscheiden.
Nichts ist festzuhalten,
Keine Schönheit,
Nicht die Frau an meiner Seite.
„Dafür", sagt sie,
„Kennen wir uns schon zu lange".

Leider sieht sie nicht,
Bemerkt es nicht,
Dass man sich nicht an sich
Verkaufen kann.

Die Zeit stand wieder still.

Mein Gott,
Es fielen Ziegelsteine aus dem Himmel,
Schindeln, Mörtel, Häuserreste
Fielen und erschlugen viele Menschen.
Niemand konnte es erklären.
Vorher hatte niemand ernsthaft
Über eine Existenz dort oben nachgedacht.

Die Zeit stand wieder still.
Es war nur sicher, dass dort oben,
Irgendwo noch im Bereich des Schwerefeldes,
Einsturz tobte.
Man fand nichts heraus.

Die Zeit stand wieder still.
Es dachte niemand an die Unterirdischen.

Jemand sagte mir,
Er sei mit Sand gefüllt,
Er sei bis an die Haut mit Sand gefüllt.
Ich würde es nicht glauben,
Und er wüsste nicht durch wen,
Durch was der Sand in ihn gekommen sei.
Auch seine Notdurft sei aus Sand.

Er öffnete den Mund,
Und weit im Hals
Sah ich ein wenig Sand,
Ein Eingang, der ein Ausgang sei,
So sagte er.
Er zeigte ein Papier:
„In Sand geboren", stand darauf.

Mit einem Messer schnitt er eine Ader auf
Und Sand verrieselte daraus zu Boden.
Er versicherte mir auch,
Er habe viele Menschen angetroffen
Die, wie er, bis an die Haut mit Sand gefüllt,
Ein ganz normales Leben führten.

Ich gab vor,
Obwohl es nichts mehr zu verbergen gab,
Nichts zu erkennen.
Ja, ich habe vor der Wahrheit Angst
Und lasse niemals jemanden
In mir nach Gründen suchen.

Es zieht ein letzter Tag herauf.
Man kündigte ihn an.
So sicher ist die Zukunft,
Wenn sie sich zum Ende neigt.

Man schrieb mir einen Brief.
Den schrieb ich ab
Und fälschte seine Unterschrift.
Es tat sich nichts für mich.

Noch einmal schmolz die Sonne Teer,
Mit dem man eine Straße reparierte.

Damit fing man mich.

Mein rechter Fuß und dann mein linker
Blieben stecken.
„Es ist alles einfach und geht schnell".

Es kamen Männer auf mich zu.
Im Hintergrund stand eine Frau.
Die rief:
„Ich werde meinen Namen ändern lassen müssen".

Mir fiel ein,
Dass ich die Füße aus den Schuhen
Hätte ziehen können,
Und es war noch nicht zu spät,

Ich stand ganz still
Und ließ es sein.

Manchmal dreht sich
Dieses Rad in meinem Kopf,
Das schlägt mit einem schweren Ende
Immer an die gleiche Stelle.

Ja, ich weiß,
Es schlägt das zweite Herz im Kopf.
Doch dies ist anders.
Hier, in mir, schlägt jemand
An die feste Wand
Und wird sie auch durchbrechen
Und zerstören.

Was wird sein, so denke ich,
Wenn alles offen liegt?

Der Tageshimmel zog sich zu.

Es fragte mich die junge Frau,
Ob sie und ihre Freundin
Mich besuchen dürften,
Und ich lud sie ein.
Durch sie, so hoffte ich,
Würd ich erfahren,
Wo ich leben, wohnen würde,
Und wir machten den Termin.

Seitdem lass' ich die beiden
Nicht mehr aus den Augen.

Einmal war ich guter Dinge, bester Laune,
Und ich wollte Ausdruck haben.

Als ich aufstand,
Gab ich meiner Frau den leichten Kuss,
Den gibt man nur, wenn man vorüber geht,
In eigner Sache.

Es geschah im Park,
Und einer dieser Dornen,
Die ganz in der Nähe rosaroter Röschen wachsen,
Schoss sofort in meine Lippen,
Hakte sich dort kräftig ein
Und riss mir auf der Flucht die Wunde.

Dunkles Blut stieg auf als Pilz.

Man sagt, dass eine Kopfverletzung
Oft die stärkste Blutung zeigt.

Ihr Mund, das sah ich ganz genau,
Nahm keine Farbe an
Und blieb blassgrau.

Nachts, als ich an deiner Seite lag
Und, wie du sagtest, schlief,
Das wusstest du,
Weil du nur meinetwegen aufgewacht,
Mich noch gesehen hattest, letzte Nacht,
Als ich mich von mir trennte
Und mein Leben bei dir ließ.
Ja, nachts lief ich
Durch regennasse Seitenstraßen.

Niemand war hier weit und breit,
Nur dieses feuchte Straßenlampenlicht
Und, für den nächsten Tag schon vorbereitet,
Sperriges Gerümpel
Bis zur Straßenmitte.
So kam ich vor meine eigne Haustür.

Und bis dahin wusste ich, das schwör ich,
Nichts von meiner Wohnung,
Die lag mitten in den Abfallhaufen.

Nachts, so sagtest du am Morgen,
Hörte ich nicht auf zu klagen,
Und ein monotoner Singsang
Sei seit neuestem dabei.

Ich kann mich nicht wie früher selbst beschützen,
Und auf meinen Wanderungen
Sehe ich mich um nach Leuten,
Die mir folgen könnten.

Niemand weit und breit.

Für den, der schreibt
Und der erlebt, wie ich,
Ist es ein schreckliches Ereignis.

Immer schreib ich alles auf.
Doch diesmal hatte ich
Ganz sonderbare, ungewöhnliche Gedanken,
Und ich sah bereits von weitem
Wie die Schrift, gleich nach der Ankunft,
Das Papier zersetzte und zerfraß.

Es war kein Vorwärtskommen,
Und es ist mir nicht gestattet,
Was ich denke,
Schriftlich mitzuteilen.
.....Hier stand nur ein Wort
Des Anfangs.

Es kam ein Brief zurück,
Den hatte ich gesandt.
Darin befand sich,
Von mir selbst verfasst,
Mein ganzes Leben.

Nichts war angekommen,
Kam, als gäb es keine Richtigkeit darin,
In meine Hand zurück.

Den Brief werd ich in meinem Leben
Nicht mehr öffnen,
Als Empfänger werd ich den Empfang
Verweigern.

Immer war in meinem Leben
Sorgfalt oberstes Gebot.

Jemand dachte über seine Träume nach:
So einfach ist es also,
Wenn man sich verkauft,
Und, wenn ich lache, ist es oftmals nur
„make up".

Die Frau zog mit dem Lippenstift
Auf einem fremden Spiegel
Ihre eignen Züge nach;
Der Mann dahinter
Mit den Augen ihren ganzen Leib.

So ist der Stillstand anzufassen,
Als das Rad, das steht
Und doch im Freilauf
Hin und her zu drehen ist.

So treibt es nichts.

Bergab und frei
Säh alles anders aus
Und auch bergauf.

Hier, wo wir uns befinden,
Trifft man nur auf flaches Land.

Man merkt nicht,
Ob man sich im eignen
Oder einem fremden Traum
Befindet.

Auf die Frage,
Ob ich sichtbar und berührbar sei,
Gab ich die Antwort: „Ja".

Ich war jedoch verwirrt und dachte nach
Und fasste meinen Körper an.
Die Wolken, dachte ich,
Sind aus der Ferne scharf umrissen,
Und in Wahrheit gibt's an ihren Grenzen
Keine Grenzen,
Und man fliegt durch sie,
Als wär es umgekehrt.
Auch die Berührung eines Wassers
Ist in Wahrheit umgekehrt:
Denn jeder, der sich an mich lehnte,
Nahm ein wenig von mir mit.

Als mich dann wieder jemand fragte,
Ob ich sichtbar und berührbar sei,
Gab ich die Antwort: „Nein".

Es ist stets gegen meinen Willen,
Und wer fragt, bedenkt die Wahrheit nicht.

Von innen, dachte ich,
Wär es ganz leicht nach außen,
Bis zur Schale, vor zu dringen,
Also bis an mich,
Bis an die Haut,
Bis an die Grenze.

Jemand unterbrach uns im Gespräch
Und sprach vom Essen
Und von der Genialität
Der Essenzubereitung und, dass der,
Der äße, einerseits dem Essen
Andrerseits dem Körper glauben müsse.

Sie brachte ihren Mann zum Zug.
Sie sah ihm nach.
Das sah er nicht, er sah nach vorn.
Dann drehte er sich um.
Er sah, sie hatte einen Stein im Schuh,
Den schüttelte sie aus
Und sah ihn nicht.

Sie zog den Schuh blitzschnell
Auf ihren Fuß und sah nach vorn.
Er sah noch immer nicht zurück.

Der Schuh saß schlecht,
Sie zog ihn noch einmal vom Fuß.
Er sah zurück und sah,
Dass sie nicht an ihn dachte,
Und die Zeit war knapp.

Sie blickte zwischendurch zu ihm,
Er sah nur seinen Zug,
Und dachte nicht an sie.
Dann stießen sich die Leute vor der Tür,
Er ging für sie verloren
Und fuhr ab.

Sie dachte, nie sieht er zurück.
Er dachte, nie sieht sie mir nach.

Sie fühlten beide,
Wie sie mit den Rücken eine Wand berührten,
Die ließ sie nicht durch.

Sie standen beide angelehnt
An eine Wand,
Die war nicht zu durchstoßen.

Ein Telefongespräch mit mir.
Ich sage: „Nein.
In diesem Herbst", so sag ich,
„Fallen kleine, braune Birkenblätter
Von der Decke meiner Küche".

Dann geb ich es auf und sage „Ja".
Es fallen keine Blätter mehr.

Die Küchendecke öffnet sich.

Ich hatte nicht mit diesem Telefongespräch
Gerechnet.

Durch die Öffnung löst sich jedes Wort
Aus seiner Spannung,
Und die andre Seite spricht nicht mehr.

Dort sprach ein junger Mensch,
Ein Mädchen, das in einer Kunst lebt,
In der Schauspielkunst.
Nun ist das Mädchen hier
Und kniet vor mir
Und tippt, wie im Gespräch
Mit einem spitzen Finger
Auf mein Knie.

So klein kann eine Bühne sein,
Die macht aus mir die Welt.

Mit den gespreizten Fingern
Fährt sie sich ins Haar
Und hat ein wenig Mühe.

Jedes krause Haar stammt aus dem Inneren.
Ich sehe, dass man die Gedanken
Bündeln kann.

Sie ist so jung, dass sie als
Zweig an meinen Zweigen
Hätte wachsen können.
Kraus und lang sind ihre Haare.
Rührte ich sie an,
Wär es ein Denken durch die Hände.

Dann dreht sie sich plötzlich schnell herum
Und letzte krause Spitzen ihrer Haare
Streifen meinen Mund.

Im nächsten Frühjahr
Werde ich die Zweige stutzen,
Wenn der Stillstand dieses Augenblickes
Sich bis dahin legt,
Und sich nicht neu bewegt.

In ihrer Kammer
Hängen leere Rüstungen, die rosten.

„Samen fremder Männer
Sind in mich gekommen", sagt sie,
„Und der Rost kam über mich.
So bin ich immer noch auf Suche.
Eines Tages werde ich mich
Nicht mehr häuten".

Es war spät,
Als sie mir ihre Rüstungskammer zeigte.

„Sonst," sagt sie,
„Ist alles um mich her mechanisch.
Die Beziehung zueinander
Ist mechanisiert.
Ich habe einen Stab,
Der sich in sich ganz sanft bewegt".
Sie zeigt ihn mir.

Ich bin ein Mann und habe über diese Dinge
Niemals nachgedacht.
So schäm ich mich um meinetwillen.

Sie verbringt mit sich die Tage
Und die Nächte.

Später stelle ich dem Automaten meine Fragen.
Der ist hoch intelligent
Und wird mir helfen können.

Ich stand in einem Wasser
Und bedachte Tod und Leben.

Bis zu meinen Schultern stand ich in dem Wasser,
Und ich dachte ans Ertrinken, ans Verdursten.
Darin fand ich keinen Gegensatz.

Auf einem Foto, sah ich,
Hatten Leute ihre Stühle
In die Wüste mitgenommen,
Sich darauf gesetzt.

Man fand viel später
Ihre Skelette in der Kleidung
Neben diesen Stühlen.

Niemals werde ich in einem Wasser
Schwimmen wollen.

Als das Geräusch verklungen war,
Trat Ruhe ein.
Zuvor erzwang das überlaute, schrille Schrein
Gequälter Fraun, dass man bedachte.
Ja, es waren Stimmen,
Die man über Sprechgeräte wiedergab
Und die als ein Zusammensturz
Von jeder Quälerei und Raserei und jeder Ohnmacht
Laute in die Ohren hämmerte
Und die ein Knopfdruck unterbrach,
Und nun war Stille.

Stille ist der Laut,
Der alle Laute maßlos überbrüllt,
Der Echo hat
Und der vor jedem Echo seinem Echo
Wiederum ein Echo überlässt.
Die Stille ist in sich nicht still.
Sie treibt in sich die Brandung Nachklang
An die Ufer,
Weitet ungeheuer jedes Ohr
Und trägt Gewölbe in den Kopf.

So drängt, wer Laster hat,
Die Laster andren auf.

Morgens stand ich auf.
Im Zimmer hing ein Spiegel,
Darin hätte ich mich wiederfinden müssen,
Und ich sah hinein.

Ich hätte nichts bemerkt, wär ich in ihm gewesen.

So sieht also, dachte ich
Versagen aus,
So sichtbar ist ein Mangel
An der Existenz.

Alles war verwandelt.
Was ich sehen wollte,
Sah ich nicht.
In mir stieg eine Sehnsucht auf,
Die hätte ich mit Worten
Nicht beschreiben können.

So kam Panik über mich,
Und meine Augen hasteten,
Weil doch das Wort versagte.

Drüben zeigte eine junge Frau
Den Tanzschritt.

Mit der rechten Hand
Schob sie die Locken in den Nacken,
Sah hinab auf ihren Fuß,
Und mit der linken Hand
Hielt sie den Faltenrock entlang der Schenkel
An den Leib gedrückt.
Dann schlug sie ihre Augen auf
Und sah zu mir.

Vor jeder Sehnsucht steht Verwandlung.

Als ich zu ihr ging
War vor mir weiter nichts,
Als dieser Baum,
Der in der Schwingung stand
Und sich bewegte
Und verharrte.

Die Schienen waren glatt,
Und alles, was auf ihnen lief, lief glatt.
Die Räder liefen glatt auf ihnen.
Endlos liefen Schienen unter glatten Rädern.

Dort, wo ich bin,
Sind die Fahrgeräusche, die sind angenehm.
Die Nacht ist stundenlang
Um alle Wagen und um mich.

Beim ersten Licht seh ich hinaus,
Es ist nicht mehr als ein Verdacht,
Und der bestätigt sich sofort:
Die Wagen stehen still, sie standen still,
Es hatte sich kein Rad gedreht,
Wir hatten uns nicht einen Zentimeter fortbewegt.

Den andren würde ich vor unsrer Ankunft
Kein Wort sagen.
Jeder reist für sich.
Ich möchte nicht im Nachhinein
Die Nachtfahrt andrer Leute stören.

Ich stieß auf euch.
Ihr wart zerstritten,
Und ich weiß,
Es lagen nur zwei Jahre
Einer tiefen Frauenfreundschaft
Zwischen euch.
Ihr hattet keine Wahl
Und musstet ineinander stehen bleiben.

Jede von euch schlug der andren vor,
An ihr die Heilige zu werden.
Das war euer Grund.
Den konntet ihr nicht sehen,
Nicht erkennen.

In der Tasche einer alten Hose
Finde ich den Zettel zum Gedenken.
Ja, so ist Gedenken.

Nur, wenn man wie ich, in aller Frühe seine Stirn
An eine Steinwand drücken kann,
Und sich die Schrift von dort
In deine Stirnhaut drückt,
Dass du sie in dem Spiegel vor dir lesen kannst,
Dann spricht man von Gedenken.

Nein, ich kann dem Tod die Ironie nicht abgewinnen.
Übertrieben stimmt er allem zu,
Er zeigt den Schein und nicht den Wert
Und macht sich so zur Sache.

Ich stand vor dem Marienbild,
Dem hatte man das Jesuskind
Herausgeschnitten,
Das lag auf dem Tisch
Und wurde operiert.
Die Ärzte waren zu beschäftigt,
Um mich zu bemerken,
Und ich selbst bemerkte nichts.

Mit meiner Hand griff ich,
Wie zum Beweis,
Ins Leinwandloch,
Das überwachte ein geheimes Auge,
Und Alarm wär angesprungen
Hätte man mich nicht im letzten Augenblick
Zurück gerissen.

Ja, man schalt mit mir,
Ich sei voll Unvernunft.
Dass ich in eine offne Wunde
Hatte greifen wollen.

Man trug etwas im Arm.
Man trug mir eine Botschaft zu.
Im Arm trug man mir eine Botschaft zu.
Sie sei in dem Paket,
Das war eng zugebunden.

Ich war mir mein Bote.
Ich erhielt von mir die Botschaft,
Und ich ging mit dem Paket den Weg des Boten
Durch den Park.
Es war der Weg des Boten, der ich war.

Im Park sah ich drei Steinfiguren.
Denen hatte der, der sie geschaffen hatte,
Mit dem Meißel Linien um den Leib geschnitten
Und sie so verschnürt, dass ihre Botschaft
Unberührt zutage trat.
So kam ich an.
Ich legte den Figuren das Paket zu Füßen
Und war frei.

In meiner Haustür
Wurde ich mit jedem Durchgang
Neu gefragt.
Der Türknauf war die Frage selbst:
„Wenn du so gehst und so vergisst,
Wie du vergisst
Und alles aus den Händen legst
Und nicht mehr weißt, was kommen wird,
Und dich nicht intressiert, was war,
Wovon wirst du dann leben können,
Wenn du eines Tages lebst?"

Ich schwieg dazu
Und ging mit jedem Tag dem Leben
Einen Tag Vergangenheit
Entgegen.

Ich war bei mir im Lohn
Und zwang mir harte Arbeit ab.

In mir, vergaß ich zu erwähnen,
Mussten die Gefangnen in den Steinbruch gehn
Und durften über die Gefahren,
Über diesen Zwang,
Kein Sterbenswort erwähnen.

Wenn mich jemand nach mir fragte,
Und ich lügen musste,
Drang oft weißer Staub nach außen,
Blässe schoss in meine Wangen.

Trotzdem hielt ich die im Steinbruch
Abgeschnitten von der Welt
Und achtete darauf,
Dass sie kein Sterbenswort erfuhren.
Sie erfuhren nichts
Von einer andren Welt.

Er war alt und voller Trotz,
Und, darin war er sicher,
Seinetwegen zündete die Sonne morgens
Ihre gelbe Fackel an.
Er wollte es,
Sie musste ihm gehorchen.

Dieser Unsinn, gab er zu, versetzte andere,
Und nicht zuletzt ihn selbst, in Staunen.

Ich beschrieb ihm den Laborversuch,
Der hatte Glauben isoliert.
Man konnte diesen Glauben erstmals
Äußerlich betrachten,
Und er kam, wie jeder andre Glaube,
Nicht von innen.

Einmal stach ich aus Versehen
Mit dem Stock, es war die Spitze eines Stockes,
In die Erde.

Um mich abzustützen, ohne nachzudenken,
Stach ich mit der Spitze des Spazierstocks
In die Erde.

In dem Film sah ich genau,
Wie eine Frau ein Kind bekam,
Ich hörte, dass sie schrie,
Und sah es auch an ihrem Mund.

Heut lebe ich allein, und wenn ich falle,
Suche ich die Stütze einer Wand.
Ein drittes Mal
Soll dieser kleine Leib, mein Leib,
Nicht Grund zu Rissen in der Haut von andren
Werden.

Ja, nach jenem zweiten Mal leb ich wie eh und je,
Und wandre mit dem spitzen Stab
Und kann den Samenfluss aus mir
Nicht stoppen.

Man zog an mir um.
Ich selbst blieb in mir wohnen.

Äußerlich sah es ganz anders aus:
Man konnte nicht verstehen,
Dass ich mit der Eigenmenschlichkeit
Vollauf beschäftigt war.
Ich nahm die Menschen um mich her
Nicht wahr.

Ich litt ganz einfach unter einer Sehnsucht,
Die ich nicht verstand.

Nachts bleibt mir die Angst.
Es bleiben mir die Schreie,
Die ich tags nicht auszustoßen wage.
Selbst, wenn sie auf meinen Lippen lägen,
Würd ich tags nicht einen davon hauchen.

Nachts kannst du mich nicht mehr wecken, wenn ich störe,
Unsre Betten haben wir getrennt.
Erst schoben sie sich von alleine auseinander,
Dann war unser Wille sichtbar.

Jedes Bett steht messerscharf an einer Klippe.
Zwischen ihnen ließen wir ein Telefon verlegen,
So bescheren wir uns wenigstens den Tag.
Ja, früher konntest du mich wecken,
Mit den Händen packen,
Dass ich schwieg, wenn ich zu schreien hatte.

Zwischen unsren Betten wächst ein Unkraut.
Dadurch führt ein Trampelpfad,
Der ist von mir.

Abschied ist ein langer Nagel,
Der wird aus der Stirn gezogen.
Hinterher bemerkt man erst,
Wie aufgehängt man war.

Der Fall danach, er kommt
So schnell wie man es nicht erwarten konnte,
Müsste einen Aufschlag haben.
Doch der war bereits am Anfang,
War sofort.

Die erste Schrecksekunde
Breitet sich nun aus,
Entfaltet sich in Langsamkeit
Zu Tode.

Ich lege keinen Wert auf Schilder.
Meinen Namen sehe ich,
Wenn ich ihn wissen muss, in meinem Ausweis nach.

Schilder. denke ich, sind Abwehr.

Jede Hand ein Schild.
Ich gebe keinem mehr die Hand.
Und jede Tür ist Schild.

Ich geh durch keine Türen mehr.

Auf meiner Kopfhaut ist ein tätowierter Kreis,
Den kann ich mir mit nichts erklären,
Und ich weiß auch nicht,
Seit wann er sich schon unter meinem Haar versteckt.
Er ist sehr schlecht zu sehen.
Ich sah ihn noch nie.

Jemand gab mir Recht.
Ich fragte nicht wofür und nicht warum,
Denn oft war Recht, das man mir gab,
Ein Unrecht.

Darum ging ich in die Galerie
Und hängte Bilder auf.
Zu Anfang war ich ungeschickt,
Doch dann gelang mir die Verwandlung
Und ich blieb als Gegenstand im Raum.
Ich war nun zu betrachten,
Und ich selbst fand mich,
Als ich Besucher war,
Nicht wieder.

Bilder einer Galerie
Sind allzu oft die Gegenstände,
Die sich in sie flüchten.

Über mir, am Himmel,
Die Spiralen ferner oder naher Sternennebel.
Es ist Tag,
Ich weiß trotzdem von ihnen.

Plötzlich stehst du nah vor mir,
Ja, ich erschrecke mich,
Ich kanns nicht glauben.
Du und ich,
Wir machten uns zu dummen Schafen einer Herde,
Dass wir heimlich Liebe suchen mussten
Und uns heimlich küssten
Und uns dann versagen mussten.

Dumm ist eine unerfüllte Liebe.
Täglich auferstehst du tausend Mal vor mir.
So sagt man, kann man uns uns überlassen,
So, sagt man, kann nichts passieren.
Unsre Feinde überlassen uns
Für unsre Küsserei
Dem Frieden.

So, sag ich,
Seh ich uns unsre Herde dummer Hoffnungen
Und Unerfüllbarkeiten
Voller Angst und Sorge
Über eine Lichtung treiben.

Mehr als diese Zeit bleibt nicht,
Mehr Zeit räumt man nicht ein.

Meinem Wärter hing ich an,
Der lebte in dem Räderwerk
Und war mir unbekannt.
Er wusste davon nichts
Und wachte über mir
Und über mich.

„Ihm", sang ich laut,
„Sei Lob und Dank.
Ein guter Wärter ist ein Schutzpatron.
Ihm werde ich die Füße,
Nein, die Sohlen seiner Füße küssen".

Jeder hörte, dass ich ehrlich war.

In meinem Falle
Tauschte man sofort den Wärter aus
Und tuschelte:
„Die stärkste Liebe
Stirbt an Trennung".

Ich sollte Überblick bekommen,
Und man stellte mich vor eine Wahl:
Entweder dürfte ich aus größter, allergrößter Höhe
Alles überschauen und verlöre jede Übersicht,
Zum Schluss die ganze Sicht
Und wäre dann alleine in der Leere,
Oder....

Also wählte ich das tiefste Bohrloch aus,
Das je von Menschenhand
Geschaffen worden war.

Noch ist die Zeit,
In der ich mich auf diese Talfahrt
Vorbereite,
Und ich denke Tag und Nacht daran.

Man schenkte mir ein Glasgefäß,
Das war geschlossen,
Und es war ein Kasten,
Dessen Wände, dessen Decke, dessen Boden
Waren ganz aus Glas,
Es ließ sich gut in beide Hände nehmen.
Drinnen war es, bis auf einen Tropfen, leer.

Der Tropfen schwebte mitten in dem kleinen Raum,
Verschob sich leicht
Und fiel an keine Wand
Und blieb als völlig runde Kugel stehen.

Niemand konnte es erklären,
Und es war nicht zu verstehen.

Unter einem andren Glas,
Das alles, was darunter lag, vergrößerte,
Sah ich ein Herz in diesem Tropfen schlagen,
Das bemerkte niemand außer mir.
Auch, als ich es erzählte, sagte man:
„Wir wissen es und wissen auch,
Dass es der Grund des Schwebezustands ist",
Und lachte über mich.

Das Herz stand plötzlich still,
Der Tropfen fiel zu Boden
Und verlief.

Von außen sah ich fremde Augen
In mein Fenster schauen.

Ich ging in meine Stube,
Wo ich schreiben konnte.
Alles, was mir lieb und wert war,
Sollte ich benennen.
Das war leicht.

Ich setzte mich in eine Ecke auf den Boden,
Weil ich leer war.
Niemand konnte sehen,
Wie ich mich besaß,
Und alles andre zählte wenig.

Keine Zimmerecke wäre kahl genug gewesen,
Um mich aufzunehmen.

Man sandte einen Brief an mich,
Der kam gut an.
Danach rief man mich an.
Der Brief, das Telefongespräch
Eröffneten mir,
Dass nun eine Zeit zu Ende ginge,
Die beträfe mich.
Man hätte sich auch zu mir aufgemacht,
Und sicher träfe man bald ein.
Es hieß,
Ich sollte meine Zeit
Zu nichts mehr nutzen
Und mich vorbereiten.

Jetzt bin ich,
Weil nichts geschah,
Auf Wanderschaft
Und lebe in der Wohnung ganz allein.

Ein Vogel flog an meine Fensterscheibe
Und fiel tot ins Gras.
Den werd ich noch begraben.

Ich hab mein Ohr
Ans Fensterglas gelegt
Und lausche so nach draußen.
Viel wird es nicht bringen,
Denn die Doppelfenster sind mit einem Hohlraum
Isoliert,
Und eigentlich
Lausch ich ganz ahnungslos
In diese Leere.

Was ich draußen seh, vermute ich,
Ist nur die halbe Wahrheit,
Ist vielleicht viel weniger, ein kleiner Teil von ihr.
Der Rest ist eingesperrt
Hier drinnen.

Jemand, den ich kenne,
Lobt die Königswürde,
Und er schmückt sich seine Wohnung
Mit den Kunstdrucktafeln edler Kronen aus.

Ich weiß nicht, was er nachts
In seiner Wohnung treibt und macht.

Zum Abschied wurde Zärtlichkeit
An dir verübt.
Es war ein Abschied gegen deinen Willen:
So tat man Gewalt an dir.

Du wolltest keinen Abschied geben,
Schlimm war die Gewalt,
Und ein Gefühl der Ohnmacht
Schlang die Arme fest um deine beiden Beine.

Schwankend standst du vor dir selbst.
Ein Windstoß
Hätte ausgereicht.

Die Lähmung kam sofort,
Doch sandte sie im letzten Augenblick
Noch Boten aus,
Die hatten keinen Sinn,
Weil sie auch Träger dieser Lähmung waren.

So hieltst du mir deine Arme
Um den Leib geschlungen,
Deine Finger hieltst du mir im Rücken
Fest verhakt,
So, dachte ich,
Kann sich kein Mensch aus der Umklammerung befrein,
Und du, das sagtest du,
Seist auch noch stärker,
Und ich sei dir so nicht stark genug.

Ich sagte nichts dazu.
Du solltest wissen,
Wenn die Not gewesen wäre,
Hätt ich deine Finger abgerissen.
Doch in meiner Not, das weißt du,
Bin ich dir gelähmt,
Ich will von dir umschlungen sein
Und nichts dagegen tun.
In meiner Not soll Not die Freiheit sein.

Ich wartete und gab dir deine Stärke zu,
Und deine Finger riss ich auf,
Als dich die Schwäche überkam,
Als du mir glaubtest.

Wenn wir uns begegnen,
Sehn wir uns von nun an
Ratlos in die Augen,
Stehen tatenlos vor uns.

Du warst ganz verändert,
Ja. du warst ein neuer Mensch,
Warst neu geboren,
Und ich fragte dich, weil ich in Sorge war:
„Wo hast du mich an dir gelassen"?

Du warst neu geboren,
Und ich hatte es vergessen,
Als ich dich so fragte.
Dumm, zu dumm von mir.
Ich wollte dich in alte Kleider stecken,
Und betrübte dich zutiefst.

Du stecktest meine Haut in Flammen,
Als du sagtest:
„Alles habe ich durch dich getan.
Wie konntest du vergessen.
Weißt du nicht, dass ich verloren ging?
Ich selber ging an mir durch dich verloren".

Es kam ein Königskind zu mir,
Das sich beklagte, weil es,
Kind von Königin und König,
Unter seinesgleichen lebte,
Und es sagte: ,
„Königlich arm dran bin ich,
Als König unter Königen."

Ich nagelte mir diesen Vorwurf
An die Eingangstür.
Von nun an lebte ich in Armut.

Die Reliefs auf fast verfallnen Tempeln,
Die man zu verstehen suchte,
Blieben ein Geheimnis,
Und man überließ sie schließlich
Dem Verfall.

Unverändert starr
Sahst du auf die Verletzung deiner Haut.
Es schmerzte wenig mehr
Als dieser Lichtpunkt.
Das, was schmerzte,
War nur wenig deines Lebens.
Dunkelrot trat eine Färbung
Aus der Fingerkuppe.

Gestern zeigte man im Film
Den aufgerissnen Leib des Jungsoldaten.
Aus dem Kopf kam seine Stimme,
Sie erinnerte jedoch nur seinen Namen,
Dann verirrte sich sein Blick,
Und über seine Augen schoben sich, wie von allein,
Die Lider.
Unter seinem Kopf stand schon der Tod.

Die anderen, die um ihn saßen,
Waren heil.
Sie ließen neben seinem Mund
Das Tonband laufen.

Dir, verzeihe mir,
Mocht, ich davon nichts sagen.

Ich las in dem Gedicht,
Das hatte eine Frau geschrieben
Und darin, dass sie den Bruder liebte, und,
Dass sie sich nicht verriet,
Schrieb sie ihm alles auf.

Sie schrieb, dass sie nun seinen Tod beschlossen hätte
Und verbrannte sich in einem Zimmer
Mit dem Zimmer.

Niemand stellte ihren Bruder vor Gericht.

Als ich mit dir sprach,
Als wir uns unterhielten,
Ließ ich Worte aus,
Weil ich mich plötzlich selbst bemerkte,
Ganze Sätze hatten sich in meinem Mund
Verdreht,
Ich musste auf mich hören.
Weil wir über Blumen sprachen sagte ich:
„Dies ist der Kranz zu meinem Ring".
Danach war Schweigen.

Pendeln einer Tür in mir
Wo nie ein Durchgang war.
Wir hatten also über Blumen,
Über einen Kranz und
Über einen Ring gesprochen?

Nein, ich weiß nicht, was ich sagen wollte,
Und nicht, was ich sagte.

Meine Lüge konntest du nicht ahnen,
Wirklich konnte ich nicht sagen,
Was ich meinte.
Und ich selbst, der blitzschnell in dich übersprang,
Dort den Gedanken auffing, dich verließ
Und ihn zurücktrug,
War ganz sicher.

Nein du hattest nichts gehört
Und nichts verstanden,
Und wir konnten es auf sich bewenden
Lassen.

Es war ein Fest der Zahlen.

Zahlen standen fest,
Doch sie ergaben zueinander miteinander erst
Den Wert.
Es war ein Fest der Werte.

Werte konnte niemand fassen,
Nur den Gegenstand, die Zahl,
Den Stein, das Wort, den Menschen.

Heute hörte ich die Rufer wieder.
Ihnen war ein Künstler
Nicht mehr wohl gesonnen.
Dafür stachen sie ihm,
Als sie ihn im Wald ergriffen,
Beide Augen aus.

Ich las auf einer langen Liste,
Welche Menschenteile, menschlichen Organe,
Unbedingt benötigt werden,
Und dass die Beschaffung
Schwierig sei.

Die lebende Maschine,
Die mich duplizierte
Und mich vielfach machte,
Hat mich nicht verraten.

Meine Frage hat sie abgetan und nicht gewertet,
Und aus ihrer Sicht, ließ sie mich wissen,
Sei ein Einzelleben, so wie sie es führte,
Ohne Unterschied von meinem.

Sie, so sagte die Maschine,
Hätt wie ich den Glauben
Und sei leidensfähig.

Es war ein Mensch in meiner Nähe,
Der aß,
Nein, der fraß die Gummibänder.

Einmal habe er gehört,
So sagte er zu mir,
Der wahre Hungerkünstler hungre nur,
Weil ihm die rechte Nahrung fehle.

Es kam so, dass ich von nun an
Nichts mehr aß.

Dies ist der dritte Tag.
Ich trinke nur ein wenig Tee
Und werde, hoffe ich,
Die Hemmungslosigkeit besiegen.

Jetzt scheint mir ein Gummiband
Ein königliches Mahl zu sein.

Ungewiss ist,
Ob es etwas nützt.

Ich plane viel und bin zur Zeit
Als Drachen an der Schnur
In großer Höhe.

Aufwind, Absturz,
Rückruf, besser Rückzug,
Sind mein Leben.
Was weiß ich,
Was unten vor sich geht.

Mein Gott,
Was wäre,
Schnitte einer meine Leine
Durch.

In deiner Wohnung lebte außer dir,
Der Vogel aus dem Paradies.
Du gabst ihm diesen Namen,
Weil du dachtest,
Dass die Farbenpracht der Federn
Paradiesisch sei.
In meiner Wohnung lebe ich mit einem Wesen,
Das kommt, weil es wahr ist,
Aus dem Paradies.
Dem wächst von Zeit zu Zeit
Ein Giftdorn,
Und das Gift, das immer tödlich ist,
Versticht es schnell.

Ich wurde auch getroffen
Und ich starb.

Ich weiß daher,
Wovon ich spreche.

Man lud mich ein
In eine Puppenstube,
Die war lebensgroß.

Diejenigen, die sich darin bewegten,
Konnten mit mir sprechen
Und bewegten sich in völliger Natürlichkeit.
Sie machten keinen Unterschied zu mir.

Ich blieb bei ihnen.

So sieht eine Selbstentführung aus.

Ich sagte nichts zu mir
Und hoffte, auch in Zukunft,
Niemandem durch irgendetwas
Aufzufallen.

In einem Gegenwind
Stieg ich als Krähe auf.

Wir waren viele,
Die sich von den Ästen fallen ließen,
Um dann aufzusteigen, um zu fliegen.

Über mir warst du,
Ein Krähentier,
Das ich versehentlich berührte.

Uns, im Flug, macht die Berührung gar nichts aus.
Ich stürze mich absichtlich und kopfüber
In die Furche unter mir.

Als Stein werf ich mich fort
Und schlage endlich auf.

Ich liege tot in meinem Bett
Und öffne mir die Augen.

Jemand schlug aus einem Stein,
Er schlug den Stein.
Er schlug aus einem großen Stein,
Daraus entstand ein Leben,
Wie es einmal war.

Der Steinmetz war die Gegenwart.

Ich hatte alles nur sehr schnell gesehen
Und ging hin und wollte fragen.

Stein stand hier an Stein,
Und niemand gab die Antwort,
Dass ich selbst erstarrte.
Dabei habe ich noch Glück gehabt,
Wahrscheinlich, weil ich weiter dachte.

Früher,
Als ich noch ein Mensch war,
Unter Menschen lebte,
Lernte ich zuerst:
„Das, was du in dir spürst,
Sind ganz verschiedene Leben.
Einmal schlägt dein Herz, das lebt für sich,
Zum andren lebt dein Kopf,
Der denkt und weiß vom Herzen nichts
Und will davon nichts wissen".

Später kam hinzu, dass ich an Nahrung dachte,
Wo sie bleiben würde,
Würde sie von mir gegessen.

Heute weiß ich mehr.
Ich numeriere mich
Und weiß, ich brauch von mir
Nicht viel zu wissen,
Überhaupt nicht mehr
Als ich als Einzelteil,
Das neben Einzelteilen sitzt.
Die müssen auch von mir nichts wissen,
Und sie wissen nichts von mir.

Ich halte mich, so gut es geht,
Zusammen;
Mit der Liste über mich, dem Katalog,
In meiner Hand.
Der reichste Mensch, denk ich, ist arm.
Zeigt man ihm seinen eignen Daumen,
Den ein andrer trägt...

Ich hab mein Herz vermacht und wüsste gerne,
Ob ein andrer denken würd wie ich,
Gäb ich ihm mein Gehirn,
Und ob er auch den Kopfschmerz
Übernehmen würde.

Eines hab' ich ganz vergessen,
Nein, sag nichts, bleib blass und warte ab.

Ich bin nur aus Papier
Und dich, damit du existieren konntest,
Schnitt ich aus.
Ich schnitt dich aus für mich.
Wir sind uns also gleich.
Du wirst es nun verstehn.

Wie soll es unter Schnipseln aus Papier
So etwas wie persönliche Verbindung,
Liebe geben?

Lass uns warten,
Bis ein Mensch mit einem Streichholz kommt.

Aha, nun weißt du, was ich meine.
Ich vergaß, uns die Gesichter
Aus zu malen.

Aus den Wolken brach ein Gegenstand
Und fiel herab.
Er schlug nicht auf
Und offenbar zerbrach er nicht.
Er landete, das sah ich, sanft.

Je näher ich dann kam,
Das sah ich auch,
Je weniger erkannte ich,
Und aus der Nähe war nichts mehr zu sehen.

Ich ging langsam wieder fort
Und ahnte, spürte,
Wie in meinem Rücken etwas wuchs
Und wuchs und wuchs
Und immer näher kam.

Ich trau mich nicht,
Die Suche zu beginnen.

Deshalb geh ich durch den Wintergarten,
Und es freut mich,
Dass der letzte Apfel unten liegt
Und aufgebrochen ist.
Die Amsel,
Die aus ihm ihr Futter nimmt,
Fliegt auf.

Um meinen Hals liegt eine enge Krause,
Die ist schwer
Und drückt zu Boden.

Würde ich den Kopf
Jetzt schnell genug nach hinten wenden,
Sähe ich bestimmt,
Dass ich an einer Kette lieg!

Ich wende mich nicht um.
Ich bin ganz sicher:
Jemand trägt mir heimlich meine Kette nach,
Dass ich von ihr nichts merke.

Es ist einfach,
Ich tu weiter so,
Als wüsste ich von dem Geschehen mir im Rücken,
Hier im Wintergarten, nichts,
Und bleibe stehen.

**Weitere Veröffentlichungen von Harald Birgfeld im Verlag:
Books on Demand GmbH, 22848 Norderstedt**

and I said to myself, what a wonderful world
36 Gedichte mit fantastischen Inhalten, 44 S. Format A5
Für dich...
43 Liebesgedichte und 15 Augen-Blicke, 32 S. Format A5
**Gedichte, veröffentlicht in ausgewählten Anthologien, und
Namenlos von meiner Insel, 42 Briefe**
Lyrik, 112 Seiten, Format A5
Honigweißer Duft
14 fantastische Gedichte, 32 S. dabei 14 farbige Seiten, Format A5
Mund aus Glas am Rand aus Fleisch
114 Gedichte, Schwarze Liebeslyrik, 120 S. Format A5
Unter einem Mikroskop
36 Gedichte für eine parallele Welt, 28 S.
Von Haut zu Haut
*132 Gedichte: Was macht meine Liebe an dir und an mir mit mir
und mit dir? Liebeslyrik. 48 S. Format A5*
Wo die schwarzen Blätter wachsen
129 erotische Gedichte? 76 S. Format A5

Prosa:
Die Tätowierungen der jungen Tanja W.
*„Die Tätowierungen der jungen Tanja W." handelt von der
Selbstsuche und Selbstfindung einer jungen Frau, 132 S. Format A5*

Ingenieursarbeiten:
Fünf Veröffentlichungen/Five Publications (deutsch/englisch),
32 S. Format A5
*Theorie und Utopie der eigenen Zeit,
Theorie und Utopie der anderen Zeit.
Die Zeit der Gleichungen ist vorbei
Societ lyrics, was ist das?
Folienbilder-Entstehung*
Kleine Fibel Arbeitsschutz *(für die praktische Arbeit) an:*
„Hochschulen"/ „Kindergärten"/ „Schulen".